退役军人安置条例

中国法制出版社

退役军人安置条例

TUIYI JUNREN ANZHI TIAOLI

经销/新华书店
印刷/鸿博睿特（天津）印刷科技有限公司
开本/850 毫米×1168 毫米　32 开　　印张/1　字数/18 千
版次/2024 年 8 月第 1 版　　2025 年 10 月第 5 次印刷

中国法制出版社出版
书号 ISBN 978-7-5216-4676-4　　定价：4.00 元

北京市西城区西便门西里甲 16 号西便门办公区
邮政编码：100053　　传真：010-63141600
网址：http：//www.zgfzs.com　　**编辑部电话：010-63141673**
市场营销部电话：010-63141612　　**总编室电话：010-63141606**

（如有印装质量问题，请与本社总编室联系。）

目　　录

中华人民共和国国务院
中华人民共和国中央军事委员会 令

第 787 号

现公布《退役军人安置条例》，自 2024 年 9 月 1 日起施行。

中央军委主席　习近平　　　国务院总理　李强

2024 年 7 月 29 日

退役军人安置条例

第一章 总 则

第一条 为了规范退役军人安置工作，妥善安置退役军人，维护退役军人合法权益，让军人成为全社会尊崇的职业，根据《中华人民共和国退役军人保障法》、《中华人民共和国兵役法》、《中华人民共和国军人地位和权益保障法》，制定本条例。

第二条 本条例所称退役军人，是指从中国人民解放军依法退出现役的军官、军士和义务兵等人员。

第三条 退役军人为国防和军队建设做出了重要贡献，是社会主义现代化建设的重要力量。

国家关心、优待退役军人，保障退役军人依法享有相应的权益。

全社会应当尊重、优待退役军人，支持退役军人安置工作。

第四条 退役军人安置工作坚持中国共产党的领导，坚持为经济社会发展服务、为国防和军队建设服务的方针，贯彻妥善安置、合理使用、人尽其才、各得其所的原则。

退役军人安置工作应当公开、公平、公正，军地协同推进。

第五条 对退役的军官，国家采取退休、转业、逐月领取退役金、复员等方式妥善安置。

对退役的军士，国家采取逐月领取退役金、自主就业、安排工作、退休、供养等方式妥善安置。

对退役的义务兵，国家采取自主就业、安排工作、供养等方式妥善安置。

对参战退役军人，担任作战部队师、旅、团、营级单位主官的转业军官，属于烈士子女、功臣模范的退役军人，以及长期在艰苦边远地区或者飞行、舰艇、涉核等特殊岗位服现役的退役军人，依法优先安置。

第六条 中央退役军人事务工作领导机构负责退役军人安置工作顶层设计、统筹协调、整体推进、督促落实。地方各级退役军人事务工作领导机构负责本地区退役军人安置工作的组织领导和统筹实施。

第七条 国务院退役军人工作主管部门负责全国的退役军人安置工作。中央军事委员会政治工作部门负责组织指导全军军人退役工作。中央和国家有关机关、中央军事委员会机关有关部门应当在各自职责范围内做好退役军人安置工作。

县级以上地方人民政府退役军人工作主管部门负责本行政区域的退役军人安置工作。军队团级以上单位政治工作部门（含履行政治工作职责的部门，下同）负责本单位军人退役工作。地方各级有关机关应当在各自职责范围内做好退役军人安置工作。

省军区（卫戍区、警备区）负责全军到所在省、自治区、直辖市以转业、逐月领取退役金、复员方式安置的退役军官和逐月领取退役金的退役军士移交工作，配合安置地做好安置工作；配合做好退休军官、军士以及以安排工作、供养方式安置的退役军士和义务兵移交工作。

第八条 退役军人安置所需经费，按照中央与地方财政事权和支出责任划分原则，列入中央和地方预算，并根据经济社会发展水平适时调整。

第九条 机关、群团组织、企业事业单位和社会组织应当依法接收安置退役军人，退役军人应当接受安置。

退役军人应当模范遵守宪法和法律法规，保守军事秘密，保持发扬人民军队光荣传统和优良作风，积极投身全面建设社会主义现代化国家的事业。

第十条 县级以上地方人民政府应当把退役军人安置工作纳入年度重点工作计划，纳入目标管理，建立健全安置工作责任制和考核评价制度，将安置工作完成情况纳入对本级人民政府负责退役军人有关工作的部门及其负责人、下级人民政府及其负责人的考核评价内容，作为双拥模范城（县）考评重要内容。

第十一条 对在退役军人安置工作中做出突出贡献的单位和个人，按照国家有关规定给予表彰、奖励。

第二章 退役军官安置方式

第十二条 军官退出现役，符合规定条件的，可以作退休、转业或者逐月领取退役金安置。

军官退出现役，有规定情形的，作复员安置。

第十三条 对退休军官，安置地人民政府应当按照国家保障与社会化服务相结合的方式，做好服务管理工作，保障其待遇。

第十四条 安置地人民政府根据工作需要设置、调整退休军官服务管理机构，服务管理退休军官。

第十五条 转业军官由机关、群团组织、事业单位和国有企业接收安置。

安置地人民政府应当根据转业军官德才条件以及服现役期间的职务、等级、所作贡献、专长等和工作需要，结合实际统筹采取考核选调、赋分选岗、考试考核、双向选择、直通安置、指令性分配等办法，妥善安排其工作岗位，确定相应的职务职级。

第十六条 退役军官逐月领取退役金的具体办法由国务院退役军人工作主管部门会同有关部门制定。

第十七条 复员军官按照国务院退役军人工作主管部门、中央军事委员会政治工作部门制定的有关规定享受复员费以及其他待遇等。

第三章 退役军士和义务兵安置方式

第一节 逐月领取退役金

第十八条 军士退出现役，符合规定条件的，可以作逐月领取退役金安置。

第十九条 退役军士逐月领取退役金的具体办法由国务院退役军人工作主管部门会同有关部门制定。

第二节 自主就业

第二十条 退役军士不符合逐月领取退役金、安排工作、退休、供养条件的，退役义务兵不符合安排工作、供养条件的，以自主就业方式安置。

退役军士符合逐月领取退役金、安排工作条件的，退役义务兵符合安排工作条件的，可以选择以自主就业方式安置。

第二十一条 对自主就业的退役军士和义务兵，根据其服现役年限发放一次性退役金。

自主就业退役军士和义务兵的一次性退役金由中央财政专项安排，具体标准由国务院退役军人工作主管部门、中央军事委员会政治工作部门会同国务院财政部门，根据国民经济发展水平、国家财力情况、全国城镇单位就业人员平均工资和军人职业特殊性等因素确定，并适时调整。

第二十二条 自主就业的退役军士和义务兵服现役期间个人获得勋章、荣誉称号或者表彰奖励的，按照下列比例增发一次性退役金：

（一）获得勋章、荣誉称号的，增发25%；

（二）荣立一等战功或者获得一级表彰的，增发20%；

（三）荣立二等战功、一等功或者获得二级表彰并经批准享受相关待遇的，增发15%；

（四）荣立三等战功或者二等功的，增发10%；

（五）荣立四等战功或者三等功的，增发5%。

第二十三条 对自主就业的退役军士和义务兵，地方人民政府可以根据当地实际情况给予一次性经济补助，补助标准及发放办法由省、自治区、直辖市人民政府制定。

第二十四条 因患精神障碍被评定为5级至6级残疾等级的初级军士和义务兵退出现役后，需要住院治疗或者无直系亲属照顾的，可以由安置地人民政府退役军人工作主管部门安排到有关医院接受治疗，依法给予保障。

第三节　安 排 工 作

第二十五条　军士和义务兵退出现役，符合下列条件之一的，由安置地人民政府安排工作：

（一）军士服现役满 12 年的；

（二）服现役期间个人获得勋章、荣誉称号的；

（三）服现役期间个人荣获三等战功、二等功以上奖励的；

（四）服现役期间个人获得一级表彰的；

（五）因战致残被评定为 5 级至 8 级残疾等级的；

（六）是烈士子女的。

符合逐月领取退役金条件的军士，本人自愿放弃以逐月领取退役金方式安置的，可以选择以安排工作方式安置。

因战致残被评定为 5 级至 6 级残疾等级的中级以上军士，本人自愿放弃以退休方式安置的，可以选择以安排工作方式安置。

第二十六条　对安排工作的退役军士和义务兵，主要采取赋分选岗的办法安排到事业单位和国有企业；符合规定条件的，可以择优招录到基层党政机关公务员岗位。

安排工作的退役军士和义务兵服现役表现量化评分

的具体办法由国务院退役军人工作主管部门会同中央军事委员会政治工作部门制定。

第二十七条 根据工作需要和基层政权建设要求，省级公务员主管部门应当确定一定数量的基层公务员录用计划，综合考虑服现役表现等因素，按照本条例第二十六条的规定择优招录具有本科以上学历的安排工作的退役军士和义务兵。招录岗位可以在省级行政区域内统筹安排。

参加招录的退役军士和义务兵是烈士子女的，或者在艰苦边远地区服现役满5年的，同等条件下优先录用。

艰苦边远地区和边疆民族地区在招录退役军士和义务兵时，可以根据本地实际适当放宽安置去向、年龄、学历等条件。

第二十八条 根据安置工作需要，省级以上人民政府可以指定一批专项岗位，按照规定接收安置安排工作的退役军士和义务兵。

第二十九条 对安排到事业单位的退役军士和义务兵，应当根据其服现役期间所作贡献、专长特长等，合理安排工作岗位。符合相应岗位条件的，可以安排到管理岗位或者专业技术岗位。

第三十条 机关、群团组织、事业单位接收安置安排工作的退役军士和义务兵的，应当按照国家有关规定给予编制保障。

国有企业应当按照本企业全系统新招录职工数量的规定比例核定年度接收计划，用于接收安置安排工作的退役军士和义务兵。

第三十一条 对接收安置安排工作的退役军士和义务兵任务较重的地方，上级人民政府可以在本行政区域内统筹调剂安排。

安置地人民政府应当在接收退役军士和义务兵的6个月内完成安排退役军士和义务兵工作的任务。

第三十二条 安排工作的退役军士和义务兵的安置岗位需要签订聘用合同或者劳动合同的，用人单位应当按照规定与其签订不少于3年的中长期聘用合同或者劳动合同。其中，企业接收军龄10年以上的退役军士的，应当与其签订无固定期限劳动合同。

第三十三条 对安排工作的残疾退役军士和义务兵，接收单位应当安排力所能及的工作。

安排工作的因战、因公致残退役军士和义务兵，除依法享受工伤保险待遇外，还享受与所在单位工伤人员同等的生活福利、医疗等其他待遇。

第三十四条 符合安排工作条件的退役军士和义务兵无正当理由拒不服从安置地人民政府安排工作的，视为放弃安排工作待遇；在待安排工作期间被依法追究刑事责任的，取消其安排工作待遇。

第三十五条 军士和义务兵退出现役，有下列情形之一的，不以安排工作方式安置：

（一）被开除中国共产党党籍的；

（二）受过刑事处罚的；

（三）法律法规规定的因被强制退役等原因不宜以安排工作方式安置的其他情形。

第四节 退休与供养

第三十六条 中级以上军士退出现役，符合下列条件之一的，作退休安置：

（一）退出现役时年满55周岁的；

（二）服现役满30年的；

（三）因战、因公致残被评定为1级至6级残疾等级的；

（四）患有严重疾病且经医学鉴定基本丧失工作能力的。

第三十七条 退休军士移交政府安置服务管理工作，参照退休军官的有关规定执行。

第三十八条 被评定为1级至4级残疾等级的初级军士和义务兵退出现役的，由国家供养终身。

因战、因公致残被评定为1级至4级残疾等级的中级以上军士，本人自愿放弃退休安置的，可以选择由国家供养终身。

国家供养分为集中供养和分散供养。

第四章　移交接收

第一节　安置计划

第三十九条　退役军人安置计划包括全国退役军人安置计划和地方退役军人安置计划，区分退役军官和退役军士、义务兵分类分批下达。

全国退役军人安置计划，由国务院退役军人工作主管部门会同中央军事委员会政治工作部门、中央和国家有关机关编制下达。

县级以上地方退役军人安置计划，由本级退役军人工作主管部门编制下达或者会同有关部门编制下达。

第四十条　伤病残退役军人安置计划可以纳入本条例第三十九条规定的计划一并编制下达，也可以专项编制下达。

退役军人随调随迁配偶和子女安置计划与退役军人安置计划一并下达。

第四十一条　中央和国家机关及其管理的企业事业单位接收退役军人的安置计划，按照国家有关规定编制下达。

第四十二条 因军队体制编制调整，军人整建制成批次退出现役的安置，由国务院退役军人工作主管部门、中央军事委员会政治工作部门会同中央和国家有关机关协商办理。

第二节 安 置 地

第四十三条 退役军人安置地按照服从工作需要、彰显服役贡献、有利于家庭生活的原则确定。

第四十四条 退役军官和以逐月领取退役金、退休方式安置的退役军士的安置地按照国家有关规定确定。

第四十五条 退役义务兵和以自主就业、安排工作、供养方式安置的退役军士的安置地为其入伍时户口所在地。但是，入伍时是普通高等学校在校学生，退出现役后不复学的，其安置地为入学前的户口所在地。

退役义务兵和以自主就业、安排工作、供养方式安置的退役军士有下列情形之一的，可以易地安置：

（一）服现役期间父母任何一方户口所在地变更的，可以在父母任何一方现户口所在地安置；

（二）退役军士已婚的，可以在配偶或者配偶父母任何一方户口所在地安置；

（三）退役军士的配偶为现役军人且符合随军规定的，可以在配偶部队驻地安置；双方同时退役的，可以在配偶的安置地安置；

（四）因其他特殊情况，由军队旅级以上单位政治工作部门出具证明，经省级以上人民政府退役军人工作主管部门批准，可以易地安置。

退役军士按照前款第二项、第三项规定在国务院确定的中等以上城市安置的，应当结婚满 2 年。

第四十六条　因国家重大改革、重点项目建设以及国防和军队改革需要等情况，退役军人经国务院退役军人工作主管部门批准，可以跨省、自治区、直辖市安置。

符合安置地吸引人才特殊政策规定条件的退役军人，由接收安置单位所在省级人民政府退役军人工作主管部门商同级人才工作主管部门同意，经国务院退役军人工作主管部门和中央军事委员会政治工作部门批准，可以跨省、自治区、直辖市安置。

第四十七条　对因战致残、服现役期间个人荣获三等战功或者二等功以上奖励、是烈士子女的退役军人，以及父母双亡的退役军士和义务兵，可以根据本人申请，由省级以上人民政府退役军人工作主管部门按照有利于其生活的原则确定安置地。

第四十八条　退役军人在国务院确定的超大城市安置的，除符合其安置方式对应的规定条件外，按照本人部队驻地安置的，还应当在驻该城市部队连续服役满规定年限；按照投靠方式安置的，还应当符合国家有关规定要求的其他资格条件。

第四十九条 退役军人服现役期间个人获得勋章、荣誉称号的，荣立一等战功或者获得一级表彰的，可以在全国范围内选择安置地。其中，退役军人选择在国务院确定的超大城市安置的，不受本条例第四十八条规定的限制。

退役军人服现役期间个人荣立二等战功或者一等功的，获得二级表彰并经批准享受相关待遇的，在西藏、新疆、军队确定的四类以上艰苦边远地区、军队确定的二类以上岛屿或者飞行、舰艇、涉核等特殊岗位服现役累计满 15 年的，可以在符合安置条件的省级行政区域内选择安置地。

退役军人在西藏、新疆、军队确定的四类以上艰苦边远地区、军队确定的二类以上岛屿或者飞行、舰艇、涉核等特殊岗位服现役累计满 10 年的，可以在符合安置条件的设区的市级行政区域内选择安置地。

第三节　交　　接

第五十条 以转业、逐月领取退役金、复员方式安置的退役军官和以逐月领取退役金方式安置的退役军士的人事档案，由中央军事委员会机关部委、中央军事委员会直属机构、中央军事委员会联合作战指挥中心、战区、军兵种、中央军事委员会直属单位等单位的政治工作部门向安置地省军区（卫戍区、警备区）移交后，由安置地省军区（卫戍区、警备区）向省级人民政府退役军人工作主管部门进行移交。

安排工作的退役军士和义务兵的人事档案，由中央军事委员会机关部委、中央军事委员会直属机构、中央军事委员会联合作战指挥中心、战区、军兵种、中央军事委员会直属单位等单位的政治工作部门向安置地省级人民政府退役军人工作主管部门进行移交。

以自主就业、供养方式安置的退役军士和义务兵的人事档案，由军队师、旅、团级单位政治工作部门向安置地人民政府退役军人工作主管部门进行移交。

第五十一条 以转业、逐月领取退役金、复员方式安置的退役军官，由退役军人工作主管部门发出接收安置报到通知，所在部队应当及时为其办理相关手续，督促按时报到。

以逐月领取退役金、安排工作、供养方式安置的退役军士和以安排工作、供养方式安置的退役义务兵，应当按照规定时间到安置地人民政府退役军人工作主管部门报到；自主就业的退役军士和义务兵，应当自被批准退出现役之日起30日内，到安置地人民政府退役军人工作主管部门报到。无正当理由不按照规定时间报到超过

30日的，视为放弃安置待遇。

第五十二条 退休军官和军士的移交接收，由退休军官和军士所在部队团级以上单位政治工作部门和安置地人民政府退役军人工作主管部门组织办理。

第五十三条 退役军人报到后，退役军人工作主管部门应当及时为需要办理户口登记的退役军人开具户口登记介绍信，公安机关据此办理户口登记。

退役军人工作主管部门应当督促退役军人及时办理兵役登记信息变更。

实行组织移交的复员军官，由军队旅级以上单位政治工作部门会同安置地人民政府退役军人工作主管部门和公安机关办理移交落户等相关手续。

第五十四条 对符合移交条件的伤病残退役军人，军队有关单位和安置地人民政府退役军人工作主管部门应当及时移交接收，予以妥善安置。

第五十五条 对退役军人安置政策落实不到位、工作推进不力的地区和单位，由省级以上人民政府退役军人工作主管部门会同有关部门约谈该地区人民政府主要负责人或者该单位主要负责人；对拒绝接收安置退役军人或者未完成安置任务的部门和单位，组织、编制、人力资源社会保障等部门可以视情况暂缓办理其人员调动、录（聘）用和编制等审批事项。

第五章　家属安置

第五十六条　以转业、逐月领取退役金、复员方式安置的退役军官和以逐月领取退役金、安排工作方式安置且符合家属随军规定的退役军士，其配偶可以随调随迁，未成年子女可以随迁。

以转业、逐月领取退役金、复员方式安置的退役军官身边无子女的，可以随调一名已经工作的子女及其配偶。

第五十七条　退役军人随调配偶在机关或者事业单位工作，符合有关法律法规规定的，安置地人民政府负责安排到相应的工作单位。对在其他单位工作或者无工作单位的随调随迁配偶，安置地人民政府应当提供就业指导，协助实现就业。

对安排到企业事业单位的退役军人随调配偶，安置岗位需要签订聘用合同或者劳动合同的，用人单位应当与其签订不少于3年的中长期聘用合同或者劳动合同。

鼓励和支持退役军人随调随迁家属自主就业创业。对有自主就业创业意愿的随调配偶，可以采取发放一次性就业补助费等措施进行安置，并提供就业指导服务。一次性就业补助费标准及发放办法由省、自治区、直辖市人民政府制定。随调随迁家属按照规定享受就业创业扶持相关优惠政策。

退役军人随调配偶应当与退役军人同时接收安置，同时发出报到通知。

第五十八条 退役军人随调随迁家属户口的迁移、登记等手续，由安置地公安机关根据退役军人工作主管部门的通知及时办理。

退役军人随迁子女需要转学、入学的，安置地人民政府教育行政部门应当及时办理。

第五十九条 转业军官和安排工作的退役军士自愿到艰苦边远地区工作的，其随调随迁配偶和子女可以在原符合安置条件的地区安置。

第六十条 退休军官、军士随迁配偶和子女的落户、各项社会保险关系转移接续以及随迁子女转学、入学，按照国家有关规定执行。

第六章 教育培训

第六十一条 退役军人离队前，所在部队在保证完成军事任务的前提下，应当根据需要开展教育培训，介绍国家改革发展形势，宣讲退役军人安置政策，组织法律法规和保密纪律等方面的教育。县级以上地方人民政府退役军人工作主管部门应当给予支持配合。

第六十二条 军人退出现役后，退役军人工作主管部门和其他负责退役军人安置工作的部门应当区分不同安置方式的退役军人，组织适应性培训。

对符合条件的退役军人，县级以上人民政府退役军人工作主管部门可以组织专业培训。

第六十三条 符合条件的退役军人定岗后，安置地人民政府退役军人工作主管部门、接收安置单位可以根据岗位需要和本人实际，选派到高等学校或者相关教育培训机构进行专项学习培训。退役军人参加专项学习培训期间同等享受所在单位相关待遇。

第六十四条 退役军人依法享受教育优待政策。

退役军人在达到法定退休年龄前参加职业技能培训的，按照规定享受职业技能培训补贴等相应扶持政策。

第六十五条 退役军人教育培训的规划、组织协调、督促检查、补助发放工作，以及师资、教学设施等方面保障，由退役军人工作主管部门和教育培训行政主管部门按照分工负责。

第七章 就业创业扶持

第六十六条 国家采取政府推动、市场引导、社会支持相结合的方式，鼓励和扶持退役军人就业创业。以逐月领取退役金、自主就业、复员方式安置的退役军人，按照规定享受相应就业创业扶持政策。

第六十七条 各级人民政府应当加强对退役军人就业创业的指导和服务。县级以上地方人民政府每年应当组织开展退役军人专场招聘活动，帮助退役军人就业。

对符合当地就业困难人员认定条件的退役军人，安置地人民政府应当将其纳入就业援助范围。对其中确实难以通过市场实现就业的，依法纳入公益性岗位保障范围。

第六十八条 机关、群团组织、事业单位和国有企业在招录或者招聘人员时，对退役军人的年龄和学历条件可以适当放宽，同等条件下优先招录、招聘退役军人。退役军官在军队团和相当于团以下单位工作的经历，退役军士和义务兵服现役的经历，视为基层工作经历。

各地应当设置一定数量的基层公务员职位，面向服现役满 5 年的高校毕业生退役军人招考。

用人单位招用退役军人符合国家规定的，依法享受税收优惠等政策。

第六十九条 自主就业的退役军士和义务兵入伍前是机关、群团组织、事业单位或者国有企业人员的，退出现役后可以选择复职复工，其工资、福利待遇不得低于本单位同等条件人员的平均水平。

第七十条 自主就业的退役军士和义务兵入伍前通

过家庭承包方式承包的农村土地，承包期内不得违法收回或者强迫、阻碍土地经营权流转；通过招标、拍卖、公开协商等非家庭承包方式承包的农村土地，承包期内其家庭成员可以继续承包；承包的农村土地被依法征收、征用或者占用的，与其他农村集体经济组织成员享有同等权利。

符合条件的复员军官、自主就业的退役军士和义务兵回入伍时户口所在地落户，属于农村集体经济组织成员但没有承包农村土地的，可以申请承包农村土地，农村集体经济组织或者村民委员会、村民小组应当优先解决。

第七十一条 服现役期间因战、因公、因病致残被评定残疾等级和退役后补评或者重新评定残疾等级的残疾退役军人，有劳动能力和就业意愿的，优先享受国家规定的残疾人就业优惠政策。退役军人所在单位不得因其残疾而辞退、解除聘用合同或者劳动合同。

第八章 待遇保障

第七十二条 退休军官的政治待遇按照安置地国家机关相应职务层次退休公务员有关规定执行。退休军官和军士的生活待遇按照军队统一的项目和标准执行。

第七十三条 转业军官的待遇保障按照国家有关规定执行。

安排工作的退役军士和义务兵的工资待遇按照国家有关规定确定，享受接收安置单位同等条件人员的其他相关待遇。

第七十四条 退役军人服现役年限计算为工龄，退役后与所在单位工作年限累计计算，享受国家和所在单位规定的与工龄有关的相应待遇。其中，安排工作的退役军士和义务兵的服现役年限以及符合本条例规定的待安排工作时间合并计算为工龄。

第七十五条 安排工作的退役军士和义务兵待安排工作期间，安置地人民政府应当按照当地月最低工资标准逐月发放生活补助。

接收安置单位应当在安排工作介绍信开具30日内，安排退役军士和义务兵上岗。非因退役军士和义务兵本人原因，接收安置单位未按照规定安排上岗的，应当从介绍信开具当月起，按照不低于本单位同等条件人员平均工资80%的标准，逐月发放生活费直至上岗为止。

第七十六条 军人服现役期间享受的残疾抚恤金、护理费等其他待遇，退出现役移交地方后按照地方有关规定执行。退休军官和军士享受的护理费等生活待遇按照军队有关规定执行。

第七十七条 符合条件的退役军人申请保障性住房和农村危房改造的，同等条件下予以优先安排。

退役军人符合安置住房优待条件的，实行市场购买与军地集中统建相结合的方式解决安置住房，由安置地人民政府统筹规划、科学实施。

第七十八条 分散供养的退役军士和义务兵购（建）房所需经费的标准，按照安置地县（市、区、旗）经济适用住房平均价格和60平方米的建筑面积确定；没有经济适用住房的地区按照普通商品住房价格确定。所购（建）房屋产权归分散供养的退役军士和义务兵所有，依法办理不动产登记。

分散供养的退役军士和义务兵自行解决住房的，按照前款规定的标准将购（建）房费用发给本人。

第七十九条 军官和军士退出现役时，服现役期间的住房公积金按照规定一次性发给本人，也可以根据本人意愿转移接续到安置地，并按照当地规定缴存、使用住房公积金；服现役期间的住房补贴发放按照有关规定执行。

第八十条 退役军人服现役期间获得功勋荣誉表彰的，退出现役后依法享受相应待遇。

第九章 社会保险

第八十一条 军人退出现役时，军队按照规定转移军人保险关系和相应资金，安置地社会保险经办机构应当及时办理相应的转移接续手续。

退役军人依法参加养老、医疗、工伤、失业、生育等社会保险，缴纳社会保险费，享受社会保险待遇。

退役军人服现役年限与入伍前、退役后参加社会保险的缴费年限依法合并计算。

第八十二条　安排工作的退役军士和义务兵在国家规定的待安排工作期间，按照规定参加安置地职工基本养老保险并享受相应待遇，所需费用由安置地人民政府同级财政资金安排。

第八十三条　安置到机关、群团组织、企业事业单位的退役军人，依法参加职工基本医疗保险并享受相应待遇。

安排工作的退役军士和义务兵在国家规定的待安排工作期间，依法参加安置地职工基本医疗保险并享受相应待遇，单位缴费部分由安置地人民政府缴纳，个人缴费部分由个人缴纳。

逐月领取退役金的退役军官和军士、复员军官、自主就业的退役军士和义务兵依法参加职工基本医疗保险或者城乡居民基本医疗保险并享受相应待遇。

第八十四条　退休军官和军士移交人民政府安置后，由安置地人民政府按照有关规定纳入医疗保险和相关医疗补助。

退休军官享受安置地国家机关相应职务层次退休公务员的医疗待遇，退休军士医疗待遇参照退休军官有关规定执行。

第八十五条 退役军人未及时就业的，可以依法向户口所在地人力资源社会保障部门申领失业保险待遇，服现役年限视同参保缴费年限，但是以退休、供养方式安置的退役军人除外。

第八十六条 退役军人随调随迁家属，已经参加社会保险的，其社会保险关系和相应资金转移接续由社会保险经办机构依法办理。

第十章 法律责任

第八十七条 退役军人工作主管部门和其他负责退役军人安置工作的部门及其工作人员有下列行为之一的，由其上级主管部门责令改正，对负有责任的领导人员和直接责任人员依法给予处分：

（一）违反国家政策另设接收条件、提高安置门槛的；

（二）未按照规定确定退役军人安置待遇的；

（三）在退役军人安置工作中出具虚假文件的；

（四）挪用、截留、私分退役军人安置工作经费的；

（五）在退役军人安置工作中利用职务之便为自己或者他人谋取私利的；

（六）有其他违反退役军人安置法律法规行为的。

第八十八条 接收安置退役军人的单位及其工作人员有下列行为之一的，由当地人民政府退役军人工作主管部门责令限期改正；逾期不改正的，予以通报批评，并对负有责任的领导人员和直接责任人员依法给予处分：

（一）拒绝或者无故拖延执行退役军人安置计划的；

（二）在国家政策之外另设接收条件、提高安置门槛的；

（三）将接收安置退役军人编制截留、挪用的；

（四）未按照规定落实退役军人安置待遇的；

（五）未依法与退役军人签订聘用合同或者劳动合同的；

（六）违法与残疾退役军人解除聘用合同或者劳动合同的；

（七）有其他违反退役军人安置法律法规行为的。

对干扰退役军人安置工作、损害退役军人合法权益的其他单位和个人，依法追究责任。

第八十九条 退役军人弄虚作假骗取安置待遇的，由县级以上地方人民政府退役军人工作主管部门取消相关待遇，追缴非法所得，依法追究责任。

第九十条 违反本条例规定，构成违反治安管理行为的，依法给予治安管理处罚；构成犯罪的，依法追究刑事责任。

第十一章 附 则

第九十一条 中国人民武装警察部队依法退出现役的警官、警士和义务兵等人员的安置，适用本条例。

本条例有关军官的规定适用于军队文职干部。

士兵制度改革后未进行军衔转换士官的退役安置，参照本条例有关规定执行。

第九十二条 军官离职休养和少将以上军官退休后，按照国务院和中央军事委员会的有关规定安置管理。

军队院校学员依法退出现役的，按照国家有关规定执行。

已经按照自主择业方式安置的退役军人的待遇保障，按照国务院和中央军事委员会的有关规定执行。

第九十三条 本条例自2024年9月1日起施行。《退役士兵安置条例》同时废止。